El libro gigante para colorear de historias bíblicas

Ilustrado por Rick Incrocci

Standard PUBLISHING

Cincinnati, Ohio

Publicado por Standard Publishing, Cincinnati, Ohio
www.standardpub.com

Derechos de autor © 2010 por Standard Publishing

Todos los derechos reservados. #25251. Manufacturado en Jermyn, PA, EE.UU., noviembre 2010. Se concede permiso para reproducir estas páginas con el propósito de usarse en el salón de clases solamente, no para la venta.

ISBN 978-0-7847-2587-0

15 14 13 12 11 10   2 3 4 5 6 7 8 9 10

Dios creó el mundo

Dios hizo el cielo.

Dios llamó a lo seco tierra y a las aguas mar.

**Dios hizo la luz grande para gobernar el día
y la menor para gobernar la noche.**

Basado en Génesis 1:16

Dios hizo todas las criaturas que se mueven en los océanos.

Basado en Génesis 1:21

Dios creó toda clase de aves que vuela.

Basado en Génesis 1:21

Dios bendijo todas las criaturas que había creado.

En el séptimo día Dios descansó.

Basado en Génesis 2:2, 3

Dios creó el hombre y la mujer

Basado en Génesis 2:7–3:24

Dios creó al hombre del polvo de la tierra.

Basado en Génesis 2:7

**Dios hizo un jardín llamado Edén
y colocó al hombre allí.**

Basado en Génesis 2:8

Dios le dijo al hombre que podía comer de cualquier árbol, excepto del árbol del conocimiento del bien y el mal.

Basado en Génesis 2:16, 17

Adán les puso nombres a todos los animales y las aves.

Basado en Génesis 2:20

Dios hizo a la mujer de una de las costillas de Adán, para que Adán pudiera tener una ayudante.

Basado en Génesis 2:20-22

Una serpiente engañó a la mujer para que comiera de la fruta que Dios le había dicho que no comiera.

Basado en Génesis 3:1-6

La mujer le dio de la fruta a su esposo y él comió también.

Basado en Génesis 3:6

Dios sacó al hombre y la mujer del jardín.

Basado en Génesis 3:23

Noé y el diluvio

Basado en Génesis 6:1–9:17

Noé era un hombre bueno que obedecía a Dios.

Basado en Génesis 6:9

Dios le dijo a Noé que iba a destruir la tierra porque estaba llena de violencia. Le dijo a Noé que construyera un barco grande llamado arca.

Basado en Génesis 6:13, 14

Dios le dijo a Noé que trajera a su familia dentro del arca.

Basado en Génesis 7:1

Dios mandó dos de cada clase de animal a que entraran al arca con Noé.

Basado en Génesis 7:15

Llovió por cuarenta días y el arca flotó sobre la tierra.

Basado en Génesis 7:17, 18

Noé envió una paloma para ver si las aguas habían bajado.

Basado en Génesis 8:8

**Esa tarde la paloma regresó con una rama
de olivo en su pico.**

Basado en Génesis 8:11

Noé y su familia salieron del arca.

Basado en Génesis 8:18

Todos los animales salieron del arca.

Basado en Génesis 8:19

**Dios puso un arco iris en el cielo como una señal
de una promesa de que nunca volvería a destruir
la tierra con agua.**

Basado en Génesis 9:15-17

La Torre de Babel

Basado en Génesis 11:1-9

**En un momento dado, todos en la tierra
hablaban el mismo idioma.**

Basado en Génesis 11:1

**El pueblo decidió construir una ciudad
y una torre que llegara al cielo.**

Basado en Génesis 11:4

**Dios decidió hacer que el pueblo
hablara diferentes idiomas.**

Basado en Génesis 11:6, 7

**Dios dispersó a la gente por toda la tierra
y dejaron de construir la ciudad.**

Basado en Génesis 11:8, 9

La historia de Abraham

Dios le dijo a un hombre llamado Abram que dejara su país y sus parientes y se fuera a una nueva tierra.

Basado en Génesis 12:1

Abram hizo lo que Dios le dijo y se fue con su esposa Saray y su sobrino Lot.

Basado en Génesis 12:4, 5

**Dios prometió que le daría una nueva
tierra a Abram y su familia.**

Basado en Génesis 12:7

Dios le dijo a Abraham y Sara que tendrían un hijo y que su nombre sería Isaac.

Basado en Génesis 17:19

Cuando Abraham y Sara estaban bien ancianos, tuvieron un hijo exactamente en el momento en que Dios les dijo que lo tendrían.

Basado en Génesis 21:2

Isaac y Rebeca

Basado en Génesis 24:1–25:26

Abraham le dijo a su siervo que volviera a la tierra de sus parientes y encontrara una esposa para Isaac.

Basado en Génesis 24:4

Cuando el siervo llegó a la tierra de Abraham, oró a Dios.

Basado en Génesis 24:10-14

**Una hermosa joven llamada Rebeca se
acercó al pozo y llenó su cántaro.**

Basado en Génesis 24:15, 16

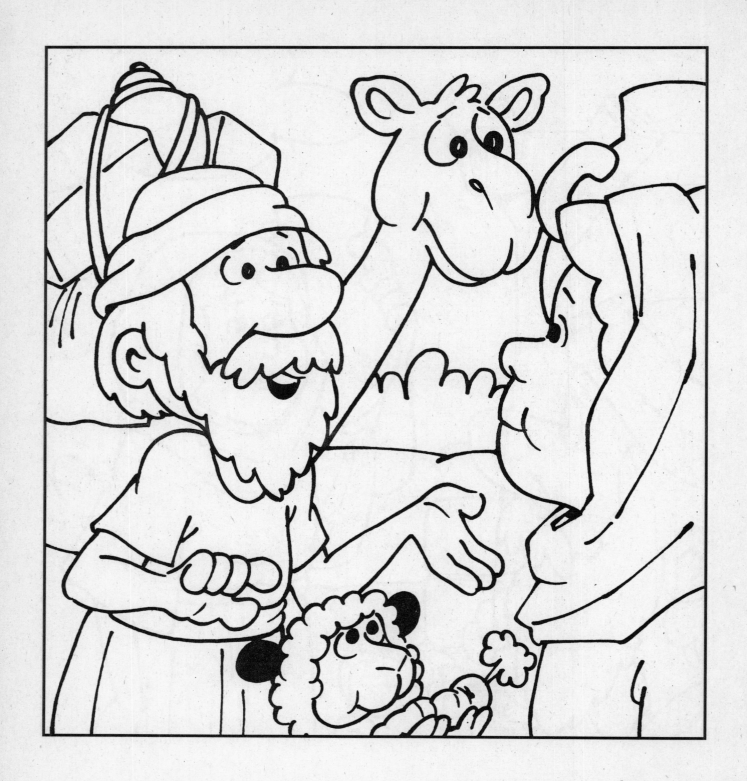

El siervo de Abraham corrió a donde Rebeca y le pidió agua para tomar de su cántaro.

Basado en Génesis 24:17

Rebeca le dio agua al siervo. El siervo le dio las gracias a Dios por cumplir su promesa.

Basado en Génesis 24:18, 26, 27

Rebeca corrió a la casa de su mamá y le contó a su familia lo que había sucedido.

Basado en Génesis 24:28

El hermano de Rebeca, Labán, y su papá, Betuel, le dijeron al siervo que se llevara a Rebeca y dejara que se casara con Isaac como Dios había dicho.

Basado en Génesis 24:50, 51

Rebeca se convirtió en la esposa de Isaac y él la amaba.

Basado en Génesis 24:67

Isaac y Rebeca tuvieron hijos gemelos. El primero estaba cubierto de vello rojo, por lo se llamaba Esaú.

Basado en Génesis 25:23-25

Isaac y Rebeca nombraron a su segundo hijo Jacob.

Basado en Génesis 25:26

La historia de Jacob

Basado en Génesis 28:1–30:24

Isaac mandó a Jacob a vivir con Labán, el hermano de Rebeca.

Basado en Génesis 28:1-5

Esa tarde Jacob se detuvo. Se acostó y se fue a dormir.

Basado en Génesis 28:11

Jacob soñó con una escalera que llegaba al cielo.

Basado en Génesis 28:12

**En el sueño de Jacob, Dios dijo que protegería a Jacob
y lo llevaría de nuevo a la tierra donde Isaac vivió.**

Basado en Génesis 28:15

Jacob siguió con su viaje por la tierra del pueblo del este.

Basado en Génesis 29:1

Jacob se encontró con tres rebaños de ovejas que estaban tomando agua de un pozo.

Basado en Génesis 29:2, 3

Mientras Jacob estaba hablando con los pastores, Raquel llegó con las ovejas de su padre.

Basado en Génesis 29:9

El papá de Raquel la dejó que se casara con Jacob.

Basado en Génesis 29:28

Jacob tuvo muchos hijos.

Basado en Génesis 29:32-35; 30:1-24

La historia de José

Jacob amaba a José, su hijo menor. Le dio a José una túnica de muchos colores. Los hermanos de José estaban celosos.

Basado en Génesis 37:3, 4

Los hermanos de José cuidaban de las ovejas. Jacob mandó a José a ver si todo estaba bien.

Basado en Génesis 37:14

José encontró a sus hermanos en Dotán.

Basado en Génesis 37:17

Los hermanos de José lo echaron en un pozo. Judá, uno de los hermanos, convenció a los otros para que lo vendieran a unos comerciantes.

Basado en Génesis 37:24-27

Los comerciantes se llevaron a José a Egipto para que fuera un esclavo.

Basado en Génesis 37:28, 36

Los hermanos de José tomaron la túnica de José y le echaron sangre. Luego se la llevaron a su padre.

Basado en Génesis 37:31, 32

**Dios estuvo con José en Egipto y lo ayudó
a tener éxito en todo lo que hizo.**

Basado en Génesis 39:3

El rey de Egipto se dio cuenta que José era muy sabio, de manera que lo puso a cargo de toda la tierra.

Basado en Génesis 41:39-41

El nacimiento de Moisés

Basado en Éxodo 1:1-2:10

Un nuevo rey tomó el poder en Egipto. Él no sabía nada sobre todo el bien que José había hecho.

Basado en Éxodo 1:8

El nuevo rey ordenó que se mataran todos los bebés varones de las madres hebreas.

Basado en Éxodo 1:16

Una mujer hebrea tenía un bebé varón, pero al cabo de tres meses ya no lo podía ocultar.

Basado en Éxodo 2:2, 3

La mamá del bebé varón hizo una canasta de juncos y la cubrió con alquitrán para que flotara.

Basado en Éxodo 2:3

**La mamá del bebé varón lo metió en la
canasta y lo colocó en la orilla.**

Basado en Éxodo 2:3

**La hermana del bebé se quedó mirando
para ver qué sucedía.**

Basado en Éxodo 2:4

La hija del rey fue al río a lavarse.

Basado en Éxodo 2:5

**La princesa vio la canasta y mandó
a su sirvienta a buscarla.**

Basado en Éxodo 2:5

Cuando la princesa abrió la canasta vio al bebé. El bebé estaba llorando y la princesa sintió compasión por él.

Basado en Éxodo 2:6

**El bebé se convirtió en el hijo de la princesa
y le puso por nombre Moisés.**

Basado en Éxodo 2:10

Dios le habla a Moisés

Basado en Éxodo 3:1–5:21; 14:1–16:36

Moisés estaba cuidando el rebaño de su suegro.

Basado en Éxodo 3:1

Moisés vio un arbusto en fuego, pero no se quemó.

Basado en Éxodo 3:2

Cuando Moisés miró el arbusto, Dios le habló.

**Dios le dijo a Moisés que se quitara sus zapatos
porque estaba parado en tierra santa.**

Basado en Éxodo 3:5

**Dios le dijo a Moisés que sacara
de Egipto a los israelitas.**

Basado en Éxodo 3:10

Moisés y su hermano Aarón fueron a donde el rey y le dijeron que Dios quería que el rey dejara ir a los israelitas.

Basado en Éxodo 5:1

**El rey dijo que no dejaría que el pueblo
se fuera de Egipto.**

Basado en Éxodo 5:2

Cuando el rey supo que el pueblo se había ido, agarró su carro y su ejército y fue tras ellos.

Basado en Éxodo 14:5-8

Cuando los israelitas vieron el ejército egipcio siguiéndolos, se asustaron.

Moisés les dijo a los israelitas que no temieran porque Dios pelearía por ellos.

Basado en Éxodo 14:13, 14

**Dios le dijo a Moisés que levantara su
vara y alzara su brazo sobre el mar.**

Basado en Éxodo 14:16

Cuando Moisés obedeció a Dios, las aguas del mar se dividieron para que los israelitas pudieran caminar por tierra seca.

Basado en Éxodo 14:21, 22

Como Dios los protegió, Moisés y los israelitas entonaron canciones de adoración a Dios.

Basado en Éxodo 15:1-18

Después que los israelitas cruzaron el Mar Rojo, Moisés los dirigió por el desierto.

Basado en Éxodo 15:22

Cuando estuvieron en el desierto los israelitas comenzaron a quejarse porque no tenían nada para comer.

Basado en Éxodo 16:2, 3

Dios hizo que lloviera pan del cielo.

Los Diez Mandamientos

Basado en Éxodo 20:1-17; 24:12

Dios le dijo a Moisés que subiera a la montaña donde le daría las tablas de piedra con las leyes que Dios había escrito.

Basado en Éxodo 24:12

La historia de Rut

Basado en Rut 1:1–4:13

**Noemí y sus dos nueras decidieron
irse de Moab e ir a Judá.**

Basado en Rut 1:7

Rut dijo que se iba a quedar con Noemí. El pueblo de Noemí se convertiría en su pueblo y el Dios de Noemí sería su Dios.

Basado en Rut 1:16

Noemí y Rut viajaron hasta que llegaron a Belén y toda la ciudad estaba contenta de verlas.

Basado en Rut 1:19

Noemí tenía un pariente adinerado llamado Booz.
Rut comenzó a recoger granos en la granja de Booz.

Basado en Rut 2:1, 3

Booz fue a hablar con Rut.

Basado en Rut 2:8

Booz invitó a Rut a comer con él.

Basado en Rut 2:14

Rut comió todo lo que quiso y hasta le sobró comida.

Rut tomó la comida que sobró y se la llevó a la casa a Noemí.

Basado en Rut 2:18

Rut continuó trabajando en el campo.

Basado en Rut 2:23

Rut y Booz se casaron y Dios les dio un hijo.

Basado en Rut 4:13

Ana y Samuel

Basado en 1 Samuel 1:1-28

Ana oró para tener un hijo. Ella prometió darle su hijo a Dios.

Basado en 1 Samuel 1:11

Dios recordó la oración de Ana y la bendijo con un hijo. Ana lo llamó Samuel.

Cuando Samuel era muy joven, Ana lo llevó a la casa de Dios en Siló.

Basado en 1 Samuel 1:24

Dios se le aparece a Samuel

Basado en 1 Samuel 3:1-21

**De la manera en que Samuel sirvió
a Dios fue ayudando a Elí.**

Basado en 1 Samuel 3:1

**Una noche cuando Samuel estaba
durmiendo Dios lo llamó.**

Basado en 1 Samuel 3:3, 4

**Samuel pensó que era Elí quien lo llamaba,
así es que corrió a donde Elí.**

Basado en 1 Samuel 3:5

**Elí dijo que no había llamado a Samuel y le dijo
a Samuel que regresara a su cama.**

Basado en 1 Samuel 3:5

**Dios llamó a Samuel dos veces más y Samuel
volvió a ir a donde Elí.**

Basado en 1 Samuel 3:7, 8

A la tercera vez, Elí se dio cuenta que Dios estaba llamando a Samuel.

Basado en 1 Samuel 3:8

**Entonces, Dios lo llamó otra vez y Samuel dijo:
"Habla que tu siervo escucha".**

Basado en 1 Samuel 3:10

A medida que Samuel crecía, Dios estaba con él.

David se convierte en rey

Basado en 1 Samuel 16:1-23

Dios envió a Samuel a visitar a Isaí, debido a que Dios había escogido a uno de los hijos de Isaí para que se convirtiera en el próximo rey.

Basado en 1 Samuel 16:1

Samuel hizo lo que Dios le dijo y fue a Belén.

Basado en 1 Samuel 16:4

Isaí le presentó siete de sus hijos a Samuel.

Basado en 1 Samuel 16:10

Samuel le preguntó a Isaí: "¿Estos son todos tus hijos? Ninguno de estos es el que Dios ha escogido".

Basado en 1 Samuel 16:10, 11

Isaí mandó a buscar a su hijo más pequeño, David, quien estaba cuidando de las ovejas.

Basado en 1 Samuel 16:11, 12

Mientras sus hermanos observaban, Samuel sacó el cuerno de aceite y ungió a David como rey.

Basado en 1 Samuel 16:13

El Espíritu de Dios vino sobre David.

Basado en 1 Samuel 16:13

**El Espíritu de Dios dejó al rey Saúl y un
espíritu maligno lo atormentaba.**

Basado en 1 Samuel 16:14

Los sirvientes del rey Saúl decidieron buscar un hombre que pudiera tocar el arpa para Saúl cada vez que el espíritu maligno lo atormentara.

Basado en 1 Samuel 16:15, 16

David llegó hasta donde el rey Saúl y se convirtió en uno de sus sirvientes.

Basado en 1 Samuel 16:21

Cada vez que el espíritu maligno atormentaba a Saúl, David tocaba el arpa.

Basado en 1 Samuel 16:23

David y Goliat

Basado en 1 Samuel 17:1-54

**Goliat, un filisteo, salió cada mañana y tarde por
cuarenta días para retar al ejército israelita.**

Basado en 1 Samuel 17:16

Una mañana, David fue a visitar a los soldados como su padre le había dicho que hiciera.

Basado en 1 Samuel 17:20

David vio cómo los soldados israelitas huyeron de Goliat porque tenían miedo.

Basado en 1 Samuel 17:24

David le dijo al rey Saúl que pelearía con Goliat.

Basado en 1 Samuel 17:32

**Con su honda en la mano, David fue
a encontrarse con Goliat.**

Basado en 1 Samuel 17:40

**David puso una piedra en su honda y osciló
la honda dándole vueltas.**

Basado en 1 Samuel 17:49

Goliat cayó al suelo boca abajo.

Basado en 1 Samuel 17:49

La historia de Ester

**El rey Asuero de Persia se enamoró de Ester
y la proclamó su reina.**

Basado en Ester 2:17

En honor a Ester, el rey hizo un gran festín para sus líderes y oficiales.

Basado en Ester 2:18

El tío de Ester, Mardoqueo, le dijo que no le dijera a nadie que era judía.

Basado en Ester 2:19, 20

Dos de los sirvientes del rey, Bigtán y Teres, decidieron matar al rey.

Basado en Ester 2:21

Mardoqueo supo de la conspiración y le dijo a la reina Ester que se lo notificara al rey.

Basado en Ester 2:22

Luego el rey Asuero ascendió a Amán al puesto más alto en el reino.

Basado en Ester 3:1

Debido a que Mardoqueo era judío, no se postraba ante Amán. Esto hizo que Amán se enojara.

Basado en Ester 3:2-5

**Amán convenció al rey para que cada judío
en el reino fuera destruido.**

Basado en Ester 3:6-10

Cuando Mardoqueo escuchó esto rompió sus ropas y lloró en voz alta.

Ester le dijo a una de sus sirvientas que buscara a Mardoqueo para que averiguara por qué estaba actuando así.

Basado en Ester 4:5

Mardoqueo le dijo a Ester que necesitaba ir a donde el rey. Ella necesitaba pedirle que tuviera misericordia con el pueblo judío.

Basado en Ester 4:8

Ester se puso su vestidura real y fue a visitar al rey.

Basado en Ester 5:1

Cuando el rey vio a Ester se puso contento y le extendió el cetro de oro.

Basado en Ester 5:2

Ester le pidió al rey que fuera con Amán al banquete que ella había preparado para ellos.

Basado en Ester 5:4

En el banquete el rey le dijo a Ester que le daría cualquier cosa que pidiera.

Basado en Ester 7:2

**Ester le pidió al rey que salvara a su pueblo, los judíos.
Le dijo que Amán era su enemigo.**

Basado en Ester 7:3-6

Enojado el rey se puso de pie y fue al jardín del palacio.

El rey creó una ley que permitía que los judíos se reunieran y defendieran de otros que trataran de hacerles daño.

Basado en Ester 8:9-13

¡El pueblo judío se salvó y celebraron con un festín!

Salmos de alabanza

Basado en los Salmos 9, 23, 81, 104

Por ti, Dios, me alegraré y regocijaré.
Cantaré alabanzas en tu nombre.

El Señor es mi pastor y nada me faltará.

Dios no temeré cuando camino por el valle oscuro porque sé que estás conmigo. Tu vara y tu cayado me consuelan.

Basado en el Salmo 23:4

Canten y toquen tamborines e instrumentos de cuerdas placenteros para Dios.

Basado en el Salmo 81:2

Adoren a Dios con la trompeta.

Basado en el Salmo 81:3

Dios nos da aguas en los valles entre las colinas.

Basado en el Salmo 104:10

Por ti, Dios, los pájaros de los cielos construyen sus nidos y cantan entre las ramas.

Basado en el Salmo 104:12

**Dios, tus obras son maravillosas,
la tierra está llena de tu creación.**

Basado en el Salmo 104:24

Daniel y los leones

El rey Darío puso a Daniel al mando, por encima de todos los príncipes del imperio.

Basado en Daniel 6:1-3

Los otros príncipes trataron de encontrar faltas en la manera en que Daniel hacía su trabajo.

Basado en Daniel 6:4

Los príncipes le pidieron al rey Darío que hiciera una ley que no le permitía a ninguna persona que le orara a Dios por treinta días. El que orara durante esos treinta días sería echado a la fosa de los leones.

Basado en Daniel 6:6, 7

El rey Darío firmó la ley que decía que ninguna persona podía orarle a Dios.

Basado en Daniel 6:9

Cuando Daniel escuchó que esta ley que se había firmado, se fue a su casa y le oró a Dios frente a una ventana abierta tal como siempre había hecho.

Basado en Daniel 6:10

Los enemigos de Daniel se reunieron y vieron a Daniel orando. Luego se lo contaron al rey.

Basado en Daniel 6:11

Cuando el rey escuchó que Daniel había estado orando, se entristeció y buscó durante todo el día la manera de salvar a Daniel.

Basado en Daniel 6:14

El rey Darío ordenó que Daniel fuera echado en la fosa de los leones.

Basado en Daniel 6:16

Después que Daniel fuera echado en la fosa de los leones, colocaron una piedra sobre la entrada.

Basado en Daniel 6:17

Debido a que Daniel estaba en la fosa de los leones, el rey pasó la noche sin comer y dormir.

Basado en Daniel 6:18

**Temprano en la mañana el rey se levantó y
corrió a la fosa de los leones.**

Basado en Daniel 6:19

El rey gritó: "Daniel, ¿pudo tu Dios salvarte de la fosa de los leones?".

Basado en Daniel 6:20

Entonces Daniel dijo: "Los leones no me hirieron. Mi Dios me envió un ángel que cerró la boca de los leones".

Basado en Daniel 6:22

**El rey ordenó que Daniel fuera sacado
de la fosa de los leones.**

Basado en Daniel 6:23

El rey ordenó que los hombres que acusaron a Daniel fueran echados en la fosa de los leones.

Basado en Daniel 6:24

Jonás y el gran pez

Dios le dijo a Jonás que fuera a Nínive y le hablara al pueblo porque estaban muy malos.

Basado en Jonás 1:1, 2

**En vez de hacer lo que Dios dijo, Jonás se montó
en un barco para Tarsis, lejos de Nínive.**

Basado en Jonás 1:3

Dios mandó un fuerte viento y el barco estaba a punto de romperse.

Basado en Jonás 1:4

**Los marineros tenían miedo y cada
uno clamó a su dios.**

Basado en Jonás 1:5

Jonás se durmió profundamente dentro del barco.

Basado en Jonás 1:5

**El capitán del barco fue a donde Jonás y le dijo
que se levantara y clamara a su Dios.**

Los marineros le preguntaron a Jonás quién era, de dónde y si era la causa de la tormenta.

Basado en Jonás 1:8

Jonás les dijo a los marineros que lo echaran al mar para que se calmara.

Basado en Jonás 1:12

Los marineros echaron a Jonás al mar y el mar se calmó.

Basado en Jonás 1:15

Dios envió un gran pez para que se tragara a Jonás.

**Jonás estuvo en la boca del pez por
tres días y tres noches.**

Basado en Jonás 1:17

Jonás oró y le dijo a Dios que lo obedecería.

Basado en Jonás 2:1-9

**Dios le habló al gran pez y el gran pez
vomitó a Jonás en tierra firme.**

Basado en Jonás 2:10

Así que Jonás obedeció a Dios y fue a Nínive.

Basado en Jonás 3:3

**Jonás le dijo al pueblo que destruiría
Nínive en cuarenta días.**

Basado en Jonás 3:4

Cuando Dios vio que el pueblo de Nínive había cambiado de sus malos caminos, tuvo compasión y no los destruyó.

Basado en Jonás 3:10

Un ángel le habla a María

Basado en Lucas 1:26-38

Dios envió un ángel llamado Gabriel a una ciudad en Galilea llamada Nazaret. Dios tenía un mensaje para María.

Basado en Lucas 1:26, 27

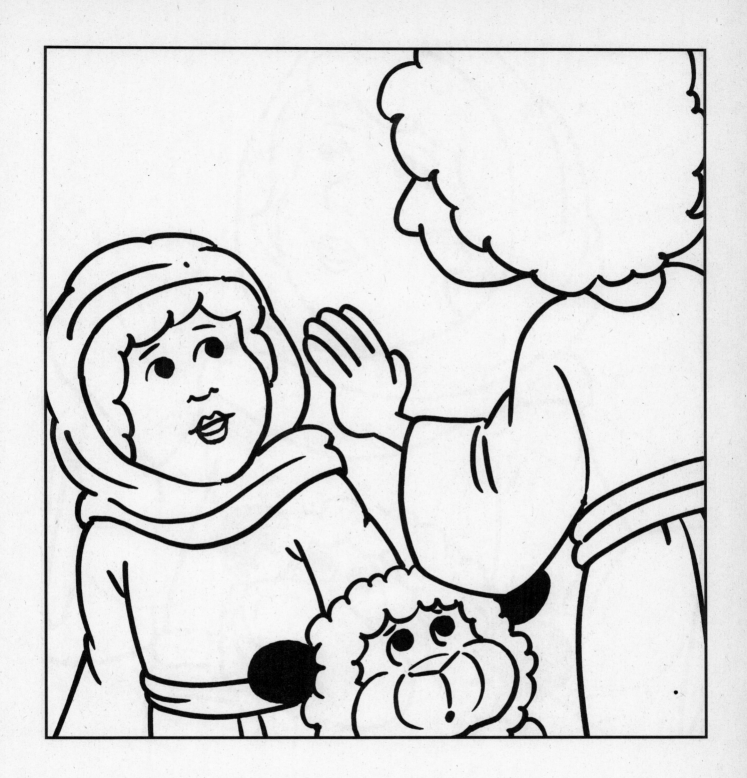

El ángel le dijo a María que no temiera. María había encontrado favor con Dios e iba a tener un bebé.

Basado en Lucas 1:30

María dijo: "¡Soy la sierva del Señor! Que lo que suceda sea de acuerdo a lo que me has dicho".

Basado en Lucas 1:38

El nacimiento de Jesús

Basado en Lucas 2:1-21; Mateo 2:1-12

María y José tuvieron que viajar desde Nazaret a Belén a rendir impuestos.

Basado en Lucas 2:3, 4

**Mientras estaban allí, María dio
a luz a su primogénito.**

Basado en Lucas 2:6, 7

María acostó al bebé en un pesebre porque no había una habitación disponible en la posada.

Basado en Lucas 2:7

La noche que Jesús nació, había pastores cuidando de sus rebaños en el campo.

Basado en Lucas 2:8

Un ángel le dijo a los pastores: "Un Salvador ha nacido hoy en la ciudad de David. Es Cristo el Señor".

Basado en Lucas 2:10, 11

Los pastores se apresuraron y encontraron a María, José y al bebé acostado en el pesebre.

Después que Jesús nació en Belén unos sabios vinieron a Jerusalén a buscarlo.

Basado en Mateo 2:1-2

Los sabios siguieron una estrella que habían visto, hasta que la vieron detenerse sobre el lugar donde Jesús estaba.

Basado en Mateo 2:9

Cuando los sabios llegaron a la casa, vieron a Jesús con María. Se postraron y lo adoraron.

Basado en Mateo 2:11

Los sabios le regalaron a Jesús oro, incienso y mirra.

Basado en Mateo 2:11

Jesús en el templo

Basado en Lucas 2:41-52

Cuando Jesús tenía doce años de edad, fue con sus padres a Jerusalén a celebrar la fiesta de la Pascua.

Después de la fiesta, los padres de Jesús se fueron a su casa, pero Jesús se quedó atrás en Jerusalén. Sus padres pensaron que estaba viajando con otras personas.

Basado en Lucas 2:43, 44

Cuando los padres de Jesús no lo podían encontrar, regresaron a Jerusalén. Encontraron a Jesús en el templo, escuchando a los maestros y haciéndoles preguntas.

Basado en Lucas 2:45, 46

Todos los que habían escuchado a Jesús estaban sorprendidos por su entendimiento y sus respuestas.

Basado en Lucas 2:47

**Jesús se fue a la casa con sus padres
y siempre los obedeció.**

Basado en Lucas 2:51, 52

**A medida que Jesús creció, se hizo sabio.
Gozaba del favor de Dios y de la gente.**

Basado en Lucas 2:52

Juan el bautista

Basado en Marcos 1:1-11

La ropa de Juan estaba hecha de cabello de camello. Comía langostas y miel.

Basado en Marcos 1:6

Juan le dijo a la gente: "Uno más poderoso que yo viene después de mí".

Basado en Marcos 1:7

Juan dijo: "¡Yo los bautizo con agua, pero Él los bautizará con el Espíritu Santo!".

Basado en Marcos 1:8

**Jesús vino a Nazaret y Juan lo bautizó
en el río Jordán.**

Basado en Marcos 1:9

Cuando Jesús salió del agua, vio el Espíritu descender sobre Él en forma de paloma.

Basado en Marcos 1:10

Jesús escoge cuatro pescadores

Basado en Mateo 4:18-22

Cuando Jesús estaba caminando por el mar de Galilea vio dos hermanos, Pedro y Andrés.

Basado en Mateo 4:18

Pedro y Andrés estaban tirando su red al agua porque eran pescadores.

Basado en Mateo 4:18

Jesús le dijo a Pedro y Andrés: "Síganme y los haré pescadores de hombres".

Basado en Mateo 4:19

Jesús caminó más adelante y vio a dos hermanos más, Jacobo y Juan, en un barco con su padre.

Basado en Mateo 4:21

Jesús llamó a Jacobo y Juan para que también vinieran con Él. Dejaron sus redes y lo siguieron.

Basado en Mateo 4:21, 22

Jesús sana a un hombre que no podía caminar

Basado en Marcos 2:1-12

Jesús fue a Capernaúm y unos días después la gente escuchó que estaba en una casa.

Basado en Marcos 2:1

Al poco tiempo había tanta gente en la casa que no había más espacio.

Basado en Marcos 2:2

Mientras Jesús estaba predicando sobre Dios, cuatro hombres llegaron a la casa cargando a un hombre en una camilla. El hombre no podía caminar.

Basado en Marcos 2:2, 3

Como los cuatro hombres no podían entrar en medio de la multitud, hicieron un roto en el techo que estaba encima de Jesús y bajaron la camilla delante de todos.

Basado en Marcos 2:4

Cuando Jesús vio la fe de los hombres, le dijo al hombre en la camilla que la recogiera y se fuera a casa. ¡El hombre así hizo!

Basado en Marcos 2:5, 11, 12

Jesús escogió sus doce apóstoles

Basado en Marcos 3:13-19

Jesús subió una montaña y le pidió a algunos de sus seguidores que fueran con Él.

Basado en Marcos 3:13

Jesús escogió doce de los seguidores que los acompañarían. Los enviaría a predicar.

Basado en Marcos 3:14

**Los doce eran Pedro, Jacobo, Juan,
Andrés, Felipe, Bartolomé,**

Basado en Marcos 3:16-19

Mateo, Tomás, Jacobo, Tadeo, Simón y Judas.

Basado en Marcos 3:16-19

El hijo de la viuda

Basado en Lucas 7:11-17

**Jesús y sus discípulos fueron a la ciudad llamada
Naín y muchas personas los acompañaron.**

Basado en Lucas 7:11

Cuando Jesús llegó a la puerta de la ciudad, había un hombre muerto que estaba siendo cargado. Era el único hijo de una viuda.

Basado en Lucas 7:12

Jesús se acercó y tocó el ataúd.

Basado en Lucas 7:14

Jesús dijo: "Joven, te digo, levántate". El hijo muerto se sentó y comenzó a hablar.

Basado en Lucas 7:14, 15

**Jesús le entregó el hijo que había
estado muerto a su madre.**

Basado en Lucas 7:15

La tormenta

Basado en Mateo 8:23-27

Un día Jesús y sus discípulos se montaron en un barco para cruzar el lago. De repente una terrible tormenta azotó al lago.

Basado en Mateo 8:23, 24

Jesús se había dormido en el barco.
Los discípulos lo levantaron.

Basado en Mateo 8:24, 25

Los discípulos dijeron: "¡Jesús, sálvanos! ¡Nos vamos a hundir!".

Basado en Mateo 8:25

Jesús se puso de pie y le dijo al viento: "¡Silencio!" y a las olas: "¡Cálmense!". Y el viento y las olas lo obedecieron.

Basado en Mateo 8:26

Jesús alimenta a cinco mil

Basado en Juan 6:1-13

Jesús cruzó el mar de Galilea.

Jesús vio una multitud que lo seguía. Le preguntó a Felipe: "¿Dónde podemos comprar pan para alimentar a estas personas?".

Basado en Juan 6:5

Felipe dijo: "Doscientas piezas de plata no son sufi-cientes para comprar pan para todas estas personas".

Basado en Juan 6:7

Andrés dijo: "Aquí hay un chico que tiene cinco panes de cebada y dos peces pequeños".

Basado en Juan 6:8, 9

**Jesús dijo: "Hagan que la gente se siente".
Habían unos 5,000 hombres.**

Basado en Juan 6:10

Jesús tomó el pan y le dio gracias a Dios.

Basado en Juan 6:11

Jesús les dio el pan a los discípulos y los discípulos les dieron pan a los que estaban sentados. Jesús hizo lo mismo con los peces.

Basado en Juan 6:11

Todas las personas comieron hasta que se llenaron.

Basado en Juan 6:12

Jesús les dijo a los discípulos que reunieran lo que había sobrado para que no se perdiera nada. Habían doce canastas de comida.

Basado en Juan 6:12, 13

La mujer de gran fe

Basado en Lucas 7:36-50

Un fariseo quería que Jesús cenara con él, así es que Jesús fue a la casa del fariseo.

Basado en Lucas 7:36

Una mujer que tenía un pasado pecaminoso vino y se paró a los pies de Jesús.

Basado en Lucas 7:37, 38

La mujer comenzó a lavar los pies de Jesús con sus lágrimas y los secó con su cabello.

Basado en Lucas 7:38

La mujer besó los pies de Jesús y los ungió con ungüento.

Basado en Lucas 7:38

El fariseo se dijo: "Si Jesús fuera profeta sabría que esta mujer es una pecadora".

Basado en Lucas 7:39

Jesús le dijo a la mujer: "Tu fe te ha salvado, ve en paz".

Basado en Lucas 7:50

Jesús camina en el agua

**Jesús les dijo a sus discípulos que se subieran
al barco sin Él y que fueran al otro lado.**

Basado en Mateo 14:22

Después que Jesús había enviado a la multitud, subió a una montaña a orar. La tarde llegó y Jesús estaba sólo.

Basado en Mateo 14:22, 23

Mientras los discípulos estaban en el barco, vino un fuerte viento y le dio vueltas con las olas.

Jesús fue a donde los discípulos caminando sobre el agua.

Basado en Mateo 14:25

**Cuando los discípulos vieron a Jesús caminando
sobre el agua, pensaron que era un fantasma.
Pero Jesús les dijo que no tuvieran miedo.**

Basado en Mateo 14:26, 27

Pedro dijo: "Señor, si eres tú, dime que vaya a donde ti sobre el agua".

Basado en Mateo 14:28

"¡Ven!", le dijo Jesús a Pedro.

Basado en Mateo 14:29

**Pedro se salió del barco y caminó a donde Jesús.
Pero cuando Pedro sintió el fuerte viento se asustó
y comenzó a hundirse.**

Basado en Mateo 14:29, 30

Inmediatamente Jesús le extendió la mano a Pedro. Jesús dijo: "Oh, tú de poca fe".

Basado en Mateo 14:31

Los que estaban en el barco adoraron a Jesús diciendo: "Tú eres el Hijo de Dios".

El buen samaritano

Basado en Lucas 10:25-37

Jesús contó la historia de un hombre que fue de Jerusalén a Jericó. Unos ladrones lo golpearon y lo dejaron tirado.

Basado en Lucas 10:30

Un sacerdote venía por el camino y cuando vio al hombre pasó por el otro lado.

Basado en Lucas 10:31

**Un levita vino y miró al hombre
y pasó por el otro lado.**

Basado en Lucas 10:32

Un samaritano pasó y cuando vio al hombre sintió lástima por él.

Basado en Lucas 10:33

**El samaritano le echó aceite al hombre
en las heridas y lo vendó.**

**El samaritano colocó al hombre en su asno
y lo llevó a un hospedaje donde lo cuidó.**

Basado en Lucas 10:34

Jesús preguntó: "¿Cuál de estos tres crees demostró ser prójimo al hombre que cayó en las manos de ladrones? Vayan y hagan lo mismo".

Basado en Lucas 10:36, 37

Dos hijos

Basado en Lucas 15:11-32

Jesús contó una historia. Un hombre tenía dos hijos. El más joven quería la parte de la herencia de su padre que un día le iba a pertenecer.

Basado en Lucas 15:11, 12

Unos días después el hijo menor empacó sus
pertenencias y se fue en un viaje lejos.

Basado en Lucas 15:13

Cuando el hijo se había gastado todo lo que tenía, una gran escasez azotó la región.

Basado en Lucas 15:14

**El hijo menor decidió regresar a la casa
de su padre y trabajar como sirviente.**

Basado en Lucas 15:18, 19

El padre vio a su hijo venir. Cuando el hijo todavía estaba lejos, el padre corrió a donde él, lo abrazó y lo besó.

Basado en Lucas 15:20

El hijo le dijo: "He pecado contra Dios y contra ti. No soy digno de que me llames tu hijo".

Basado en Lucas 15:21

El padre le dijo a los sirvientes: "Traigan la mejor bata y pónganasela a mi hijo. Pónganle un anillo en su dedo y zapatos en sus pies".

Basado en Lucas 15:22

Hubo una gran celebración.

Basado en Lucas 15:24

El hijo mayor le preguntó a un sirviente qué estaba sucediendo, el sirviente le dijo que su hermano había regresado a la casa.

Basado en Lucas 15:26, 27

El hijo mayor se enojó y no fue a la celebración.

Basado en Lucas 15:28

El hijo mayor le dijo a su padre: "Te he servido por muchos años y siempre te he obedecido".

Basado en Lucas 15:29

**El padre dijo: "Todo lo que tengo es tuyo.
Tu hermano estaba muerto y ha vuelto a vivir".**

Basado en Lucas 15:31, 32

Jesús bendice a los niños

Algunas personas llevaron niños pequeños a donde Jesús para que pudiera tocarlos.

Basado en Marcos 10:13

**Los discípulos le dijeron a la gente
que no molestaran a Jesús.**

Basado en Marcos 10:13

Jesús dijo: "Dejen que los niños vengan a mí".

Jesús dijo: "Estos niños son el reino de Dios".

Basado en Marcos 10:14

Jesús tomó a los niños en sus brazos y los bendijo.

Basado en Marcos 10:16

Jesús sana a dos ciegos

Basado en Mateo 20:29-34

**Cuando Jesús y sus discípulos se fueron
de Jericó, una gran multitud los siguió.**

Basado en Mateo 20:29

Dos hombres ciegos estaban sentados a la orilla del camino. Gritando le dijeron a Jesús: "Señor, ten piedad de nosotros".

Basado en Mateo 20:30

La multitud les dijo a los ciegos que se callaran, pero ellos gritaron con más fuerza.

Jesús se detuvo, llamó a los ciegos y les preguntó qué deseaban que hiciera.

Basado en Mateo 20:32

**Los dos hombres le dijeron a Jesús:
"Señor, queremos ver".**

Basado en Mateo 20:33

Jesús sintió compasión por los dos hombres y tocó sus ojos. Inmediatamente pudieron ver y seguir a Jesús.

Basado en Mateo 20:34

Jesús entra a Jerusalén

Basado en Mateo 21:1-11

**Cuando Jesús y sus discípulos estaban cerca
de Jerusalén, él mandó a dos de sus discípulos a que
le buscaran un burro.**

Basado en Mateo 21:1, 2

Los discípulos fueron e hicieron lo que Jesús les dijo.

Basado en Mateo 21:6

Jesús se montó en el burro.

Basado en Mateo 21:7

Muchas personas colocaron sus mantos en el camino, mientras otras cortaron ramas y las esparcieron por el camino.

Basado en Mateo 21:8

Todas las personas gritaron alabanzas a Jesús.

Basado en Mateo 21:9

Jesús en el templo

Jesús fue al templo de Dios y sacó a todos los que vendían y compraban.

Basado en Mateo 21:12

Él volteó las mesas de los que cambiaban dinero.

Basado en Mateo 21:12

**Jesús le dijo a la gente que el templo
es una casa de oración.**

Basado en Mateo 21:13

La gente que no podía ver o caminar fueron a donde Jesús en el templo y Él los sanó.

Basado en Mateo 21:14

Jesús come con los discípulos

Basado en Lucas 22:7-23

**Jesús les dijo a Pedro y Juan que fueran
y prepararan la cena de Pascua.**

Basado en Lucas 22:8

**Pedro y Juan encontraron todo tal como
Jesús les había dicho.**

Basado en Lucas 22:13

Jesús tomó una copa y le dio gracias a Dios.

Basado en Lucas 22:17

Jesús tomó pan y dio gracias por él.

Basado en Lucas 22:19

¡Jesús muere y vive de nuevo!

**Jesús fue a un jardín a orar. Estaba muy triste
y habló con Dios sobre lo que iba a suceder.**

Basado en Mateo 26:36-42

Jesús fue arrestado, golpeado y asesinado en una cruz. Un hombre llamado José sepultó el cuerpo de Jesús en una tumba.

Basado en Mateo 27:31-50, 57-60

Dos mujeres fueron a visitar la tumba de Jesús, pero estaba vacía. Un ángel les dijo que Jesús había resucitado. Las mujeres se fueron y de repente vieron a Jesús fuera de la tumba. ¡Estaba vivo de nuevo!

Basado en Mateo 28:1-10

Las mujeres les dijeron a los discípulos que Jesús había resucitado y los discípulos encontraron a Jesús. Jesús les dijo: "Enséñenle a todos lo que les he enseñado. ¡Siempre estoy con ustedes!". Entonces fue llevado al cielo.

Basado en Mateo 28:16-20

La vida entre los seguidores del Señor

Basado en Hechos 2:43-47

**Todos estaban asombrados con las señales
y los milagros hechos por los apóstoles.**

Todos aquellos que creyeron en Jesús estaban juntos y compartían todo lo que tenían.

Basado en Hechos 2:44

Los creyentes vendieron sus bienes y posesiones y le dieron el dinero a quienquiera que lo necesitara.

Basado en Hechos 2:45

Los creyentes se reunían en casas y comían juntos, felizmente compartían su comida.

Con el poder de Dios, Pedro y Juan sanaron un hombre

Pedro y Juan fueron al templo a orar.

Un hombre que nunca había podido caminar, había sido cargado y dejado en la puerta del templo.

El hombre les pidió dinero a Pedro y Juan.

Basado en Hechos 3:3

Pedro dijo: "En el nombre de Jesús de Nazaret, levántate y camina".

Basado en Hechos 3:6

**El hombre que no podía caminar, saltó
y comenzó a caminar.**

El hombre que fue sanado fue con Pedro y Juan al templo caminando, saltando y adorando a Dios.

Basado en Hechos 3:8

Saúl predica en Damasco

Basado en Hechos 9:19-25

Saúl se quedó por varios días con los discípulos de Jesús en Damasco.

Basado en Hechos 9:19

Saúl predicó con tal poder que confundió al pueblo judío que vivía en Damasco.

Basado en Hechos 9:22

Algunos judíos hicieron planes para matar a Saúl, pero Saúl se enteró.

Basado en Hechos 9:23, 24

**Los judíos que querían matar a Saúl, velaron
las puertas de la ciudad día y noche.**

Una noche, algunos discípulos ayudaron a Saúl a escapar por la muralla de la ciudad en una canasta.

Basado en Hechos 9:25

Pablo en Atenas

Basado en Hechos 17:16-34

Cuando Pablo estaba en Atenas, se puso muy apenado porque la ciudad estaba llena de ídolos.

Basado en Hechos 17:16

Día tras día Pablo hablaba de Jesús con todos los que conoció en el mercado.

Basado en Hechos 17:17

**La gente de Atenas llevó a Pablo ante
un grupo de poderosos hombres.**

Basado en Hechos 17:19

Los poderosos hombres le pidieron a Pablo que les hablara de las nuevas ideas que estaba enseñando.

Basado en Hechos 17:19

**Pablo dijo que Dios no era un ídolo
hecho de oro y plata.**

Basado en Hechos 17:29

Algunas de las personas creyeron lo que Pablo estaba diciendo y pusieron su fe en Dios.

El naufragio

Basado en Hechos 27:13-44

Poco después que unos marineros salieron a navegar, vino un fuerte viento. Había 276 personas en el barco, incluyendo a Pablo.

Basado en Hechos 27:14, 37

Los marineros no podían llevar el timón del barco, así es que dejaron que fuera a la deriva.

Basado en Hechos 27:15

Una mañana, los marineros vieron una tierra que no reconocieron. Decidieron encallar allí.

Basado en Hechos 27:39

La parte de alfrente del barco se quedó atrapada en la arena y a la de atrás le estaban dando las olas.

A todos los que podían nadar se les ordenó que se tiraran al agua.

Basado en Hechos 27:42, 43

**A los que no podían nadar se les ordenó que
se sujetaran de tablas de madera.**

Basado en Hechos 27:44

Todos llegaron sanos y salvo a tierra.

Basado en Hechos 27:44

Una profecía de Juan

Jesús envió un ángel a donde su siervo Juan con un mensaje sobre cosas que iban a pasar en el futuro.

Basado en Apocalipsis 1:1

Juan escuchó una voz hablándole. Vio siete candelabros de oro y a alguien semejante al Hijo del Hombre. La voz le dijo a Juan que escribiera lo que vio.

Basado en Apocalipsis 1:10-12, 13, 19

**El ángel le mostró a Juan la ciudad
santa que desciende del cielo.**